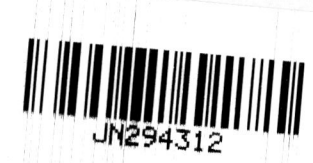

野菜 豆 雑穀レシピ

体の中からきれいになる60のごはん

はじめに

私の料理のコンセプトは「簡単でおいしい」です。
食べるものがおいしく、しかも体によければ、これ以上のものはないですよね。
本書では、まずは一人でも多くの人に、野菜や雑穀料理を楽しんでいただきたいという気持ちから、簡単にできるものばかりを集約してみました。野菜のレシピを一日の食事のどこかにとり入れ、楽しくてヘルシーな食生活の第一歩を踏みだしていただければ幸いです。

野菜　豆　雑穀レシピ

体の中からきれいになる60のごはん

CONTENTS

CHAPTER 1

野菜・豆・雑穀を使った

Breakfast

～小さなおかず＆スープ～

CHAPTER 2

野菜・豆・雑穀を使った

Lunch

～お弁当＆ワンプレートごはん～

CHAPTER 3
野菜・豆・雑穀を使った

Dinner

～ボリュームメイン＆ヘルシーサブおかず～

CHAPTER 4
野菜・豆・雑穀を使った

Stock

～常備菜～

本書の使い方

・材料はすべて2人分、または作りやすい分量です。
・計量の単位は、大さじ1は計量スプーンの15mℓ、小さじ1は5mℓ、
1カップは計量カップの200mℓです。また、1合は180mℓです。
・塩は自然塩を、みそやしょうゆは無添加のものを使っています。
・野菜類は、特に表記がない場合は、洗って皮をむく作業をすませてからの
手順を説明しています。
・調味料の分量はあくまで目安ですので、好みでかげんしてください。
・雑穀などは自然食を扱っているお店で販売しています。

Point

野菜・豆・雑穀レシピを
おいしく作るための６つのポイント

1. 玄米をおいしく炊こう（8ページ参照）

2. 調味料を使いこなそう（10ページ参照）

3. 食材を知ろう（11ページ参照）

4. 手作りのだしをとろう（12ページ参照）

5. 万能だれを作ろう（13ページ参照）

6. 野菜の献立を立てよう（14ページ参照）

1. 玄米をおいしく炊こう

玄米に好きな雑穀と豆、海藻類を入れて炊いてみましょう。おすすめの雑穀は、アマランサス、キノア、きび、ひえ、粟、麦、ワイルドライス。海藻類は、だし昆布を小さく切って一緒に炊くと、昆布もそのまま食べられます。豆類は、小豆、黒豆、ひよこ豆、大豆、金時豆、うずら豆など、毎日違った豆を入れて炊きますが、週に１度はシンプルに何も入れないで炊いても。毎日違った豆を食べる工夫をしましょう！　梅干しを入れてもおいしいです。

材料（作りやすい分量）

玄米…3合

水…やわらかめに炊く場合は玄米の2倍の水、
　かためにに炊く場合は玄米の1.5倍の水

自然塩…ひとつまみ

好みの雑穀など
（写真では、たかきび、キノア、ひじき、昆布入り）…適量

作り方

1 玄米をボウルに入れて水を注ぎ、手でやさしく洗ってざるに上げる。2～3回同様に洗う。

2 ①をボウルに入れて分量の水を注ぎ、一晩水にさらす。

3 圧力なべに②と自然塩、雑穀を加えて炊く。炊き上がったら火からおろし、約20分蒸らす。

ポイント

玄米は一晩水につけておきます。今回はたかきび、キノア、ひじき、昆布を一緒に入れて炊きました。たかきび、キノア、ひじきはそのまま、昆布は小さく切って入れるとうまみも出て、玄米がよりおいしくいただけます。

食材Memo

きび（たかきび）

ちょっとクセがありますが、サラダ、ハンバーグ、コロッケ、ソースなどに欠かせません。

キノア

栄養価が高く、雑穀の中でもそばの実と同様に使いやすいです。ゆでると芽が出てかわいく、プチプチした食感がなんともいえません。ごはんがわりに使うこともできます。

ひじき

カルシウムが豊富なひじきは、毎日でも食べたい食材。ごはんを炊くときに一緒に入れると、もどす手間もいらず毎日カルシウムを補えるので一石二鳥です。

昆布

玄米と一緒に炊くために、だし昆布を小さく切ってびんの中に入れておきます。毎回大さじ1ほど入れて炊くと、昆布もそのまま食べられます。

2. 調味料を使いこなそう

調味料はなるべく無添加のものを使いたいものです。おすすめの何点かをご紹介します。

玄米甘酒

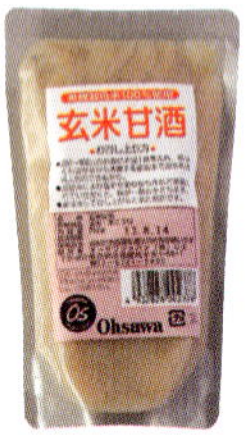

自然食料理を手がけるようになり、甘み、使いやすさなど申し分のない甘酒を使うようになりました。甘酒のほんのりやさしい味が心も癒してくれます。

梅酢

梅酢は体にいいので、酢を使う料理にはほとんど梅酢を使います。もずくやめかぶを食べるときも、梅酢としょうゆにごまなどをかけて食べています。

フルーツジャム

ジャムも重宝する調味料のひとつ。酢の物、マリネなどの味つけに使うと、ジャムのフルーティな香りと自然の甘みが加わって、おいしく仕上げてくれるすぐれものです。

ねりごま

料理にコクや深い味わいを出したいとき、さらにはデザートにも欠かせない食材です。味に変化をつけたいときにも役立ちます。

本くず

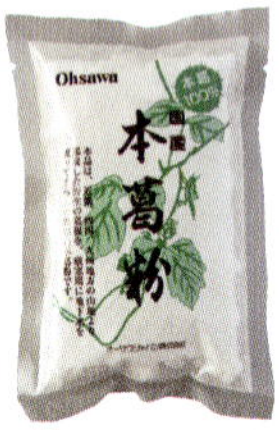

料理にとろみをつけるための必需品。くずは体をあたため、血をきれいにしてくれると言われています。飲み物、デザートなどにも簡単に使えます。くず粉を水でとくときは同量が基本です。

ピーナツバター

風味がよいので、料理の味つけやかくし味に最適。デザートならピーナツバタークッキーがおいしいです！

オリーブオイル

オリーブオイルは酸化しにくいので、サラダに使っても。家庭で使うなら、小さめのびんを買うことをおすすめします。ふたをあけた瞬間から酸化していきますので、早く使いきりましょう。

玄米酢

米酢に比べて、玄米酢のほうがまろやかでやさしい口当たりです。白米より玄米、米酢より玄米酢。この感覚で使っています。

りんご酢

アメリカで酢といえば「りんご酢」です。米酢に比べ、味がまろやかです。生野菜のドレッシングなどに使うと、フルーティに仕上がります。

3. 食材を知ろう

植物性のものだけで朝、昼、夜の料理を作るには、味に変化をつけたり、ボリュームを出したりと工夫が必要です。菜食料理を作るにあたり、便利な食材をご紹介します。

そばの実

そばの実は炊くと粘りが出ます。すぐに火が通るので雑穀の中では使いやすいです。いつもの料理に乾燥のそばの実を加えるだけで、雑穀料理をマスターできます。ぜひお試しを。

玄米水あめ（米あめ、麦あめ）

自然の甘さを出したいときは穀物あめがいちばん。きな粉を広げて穀物あめをスプーンですくって落とし、きな粉と穀物あめをまぜ合わせるようにしていくと、「あめ玉」の完成です。

すりごま

すりごまには白ごま、黒ごまの２種類があるので、用途によって使い分けするようにします。ごはん、おひたし、あえ物、酢の物など、常にかけて食べるようにしましょう。

きくらげ

乾燥きくらげは、水でもどすと５倍以上にふくれます。だしをとるときに、乾燥きくらげも一緒にもどして、あえ物、炒め物、みそ汁の具など、毎日のおかずに使いやすくしておくと便利です。

車麩

みそ汁、メインのおかず、脇役と幅広く使える車麩はとても重宝します。車麩１個でも十分ボリュームがあり、料理の幅も広がります。

乾燥しらたき

乾燥しらたきなら、常備できるので助かります。なべ物のときは、そのままなべに入れるだけで食べられるので簡単です。

玄米もち

白もちに比べて食べごたえがあります。粘りはないですが、かむほどに甘みが出ておいしいです。最近では雑穀使用の玄米もちも出ていますので、自然食のお店で探してみても。

レーズン（ドライフルーツ各種）

お日さまの光をいっぱいに浴びたドライフルーツは、ミネラル豊富で甘みもあり、おすすめ食材のひとつ。豆を炊くとき、酢の物、サラダ、デザートなど甘みを調節するのに使います。

しょうが

体をあたためる作用があるしょうがは、体調をととのえたりするときに多く使われます。飲み物に入れて飲むもよし、料理を引き立てるのにもとても助かります。

4. 手作りのだしをとろう

だしも植物性の食材を使ってとってみましょう。前の晩に材料を水につけておくだけの簡単なものですが、料理にうまみが加わり、もどした食材も料理に使えて一石二鳥です。

だしのとり方
（昆布、干ししいたけ、切り干し大根、きくらげ入りのもの）

材料（作りやすい分量）
昆布（20㎝長さ）…2枚
干ししいたけ（大）…2枚（小さければ3～4枚）
切り干し大根…¼カップ
きくらげ…2枚

作り方

寝る前に、2人用の土なべに材料を入れ、ひたひたに水を注ぎ、一晩おいてから翌日の料理に使います。干ししいたけ、切り干し大根、きくらげなどを料理に使わないときは、そのままみそ汁の具にして使うことも。乾物はどうしても「水でもどす」といったひと手間があるので、使うのがめんどうと思っている人がいますが、だしをとるときに一緒に入れておけば毎日食べることもでき、料理の脇役として使うこともできます。

5. 万能だれを作ろう

料理のポイントは何といっても「味」。料理が苦手という人におすすめしたいのが、味つけの割合です。
この割合を知っておくと、料理が簡単でおいしくできること、まちがいなしです。

13：1：1
おでんのだし。だし13、みりん1、薄口しょうゆ1

8：1：1
めん類のたれ。だし8、みりん1、薄口しょうゆ1

7：1：1
天つゆ。だし7、みりん1、薄口しょうゆ1

5：1：1
冷めんのつけだれ。だし5、みりん1、濃口しょうゆ1

3：2：1
しょうゆドレッシング。オリーブオイル3、好みのビネガー2、濃口しょうゆ1

3：2：1
すき焼きのたれ。だし3、みりん2、濃口しょうゆ1
（つくだ煮などにも応用できます。濃い味で甘く仕上げたいときの料理に向きます）

8：1：1
薄味の煮物のだし。だし8、みりん1、薄口しょうゆ1
（しっかりと味をつけたいのなら、7：1：1にしてみると違いがわかります）

味つけに自信がない方も、こうして割合をきちんと覚えたら味つけの心配をせずにすみます。
ぜひ試してみてください。

6. 野菜の献立を立てよう

バランスのよい献立の立て方

野菜の献立の基本は、毎日できるだけ違った野菜を食べよう！　につきます。その中で、毎日食べたい野菜は、かぼちゃ、玉ねぎ、にんじん、ブロッコリーです。これらは、みそ汁の具に入れてみたり、つけ合わせやその他の食材との組み合わせでとり入れるように心がけてみましょう。季節の野菜を味わうことはとても大事です。やはり、旬のものがいちばんおいしいので、ファーマーズマーケットなどを利用して、季節感あふれる食卓にしましょう。食感や味に変化をつけることもポイントです。家族の健康の源である食事は、エネルギー補給につながりますから、生きている野菜から栄養をとるのがベストなのです。生きているものを食べ、そのままエネルギーに変えていく。すると、自然とバランスのとれた献立になるはずです。

Breakfast

朝は一日の始まり。さわやかな食事を心がけてみてはいかが？
天気のよい日はフルーツ＆野菜のサラダにフレッシュジュース。
雨もようの日は気分が沈みがちですが、野菜がたっぷり入った雑穀雑炊などで、
気持ちをあたたかくして一日を快適に過ごすようにしましょう。

CHAPTER 1

野菜・豆・雑穀を使った

Breakfast

小さなおかず＆
スープ

柑橘類と白菜のサラダ

白菜と柑橘類は相性がとてもよいです。
２種類くらいの柑橘類を使うと、さらにおいしくできます。
ドレッシングにはジャムを使うと甘みが出て風味もよく、梅酢が使いやすくなります。

材料（２人分）

柑橘類…2個（みかん、グレープフルーツ、オレンジ、デコポンなど、なんでも可）
白菜（大）…2枚
水菜…¼束
A
- 梅酢…小さじ1
- あんずジャム…大さじ1
- オリーブオイル…小さじ1
- レーズン…大さじ1
- 自然塩、こしょう…各少々

作り方

1 柑橘類は皮をむき、果肉は一口大に切る（このときに出る果汁は、あえるときに使うので捨てないこと）。
2 白菜は大きめのせん切りにする。水菜も適当な長さに切る。それぞれ水けをペーパータオルなどで軽くふきとる。
3 ボウルにAをすべて入れてまぜ合わせる。
4 ①、②、果汁を③のボウルに入れ、よくまぜ合わせる。

にんじんのサラダ

甘みをつけるときに活躍してくれるレーズン。
豆を炊くとき、ちょっとしたアクセントに入れると、ほのかな甘みで癒されます。
かくし味の梅酢は酸味づけには欠かせません。

材料（2人分）
にんじん…5cm
レーズン…大さじ1
梅酢…小さじ1
自然塩…ひとつまみ

作り方
1 にんじんはせん切りにし、自然塩を入れて軽くもむ。
2 ボウルにレーズンと梅酢を入れる。
3 ②の中に、水けをきったにんじんを入れてよくまぜる。

ブロッコリーの大根おろしあえ

大根おろしをあえ物に使ったさっぱり味の一品。
このレシピはとにかく簡単で、しかも、大根の解毒効果が期待される
おすすめのスピード&ヘルシーおかずです。

材料（2人分）
ブロッコリー…1/4個
大根おろし…1/4カップ
しょうゆ…大さじ1
おろししょうが…少々
すり白ごま（あれば）…少々

作り方
1 ブロッコリーは小房に分け、下ゆでしておく。
2 ボウルに水けをきった①と大根おろし、しょうゆ、おろししょうがを入れてよくまぜる。
3 ②を器に盛り、あれば、仕上げにすり白ごまを振る。

かぶとそばの実の煮物

そばの実は、粒に重量感があり、根菜類を煮るときに一緒に入れると使いやすいです。
下ごしらえする手間もなく、そのままなべに入れて調理するだけ。簡単に使えて便利です。

材料（2人分）
そばの実…大さじ2
かぶ（小）…2個（葉も使う）
だし…1カップ
自然塩…少々
しょうゆ…大さじ1.5
くず粉…大さじ1（同量の水でといておく）
※くず粉を水でとくときは同量が基本。

作り方
1 そばの実は洗って、ざるに上げておく。
2 かぶは一口大に切る。葉は適当な大きさに切る。
3 なべに①と②、だし、自然塩、しょうゆを入れ、そばの実がやわらかくなるまで煮る。
4 ③に水でといたくず粉を入れ、とろみをつける。

三つ葉の白あえ

白あえは日本古来のおそうざいの代表。
好みでにんじんや青菜、こんにゃくなどを入れてもおいしいです。今回ご紹介するのは、忙しい朝でも作れるパパッとレシピです。

材料（2人分）
絹ごし豆腐…¼丁
三つ葉…1袋
すり白ごま…大さじ1
しょうゆ…小さじ1
白みそ…小さじ2

作り方
1 豆腐は手で大きめにくずし、三つ葉と同じなべで下ゆでしておく。
2 三つ葉は水けをきって3cm長さに切る。
3 すり鉢にすり白ごま、しょうゆ、白みそを入れてまぜ合わせる。その中にふきんで水けを軽くしぼった豆腐をつぶすように入れ、ペースト状になるまですりまぜる。
4 器に②を盛りつけ、③をかける。

小松菜と油揚げの煮びたし

小松菜の栄養価は葉野菜の中でもすぐれていますから、旬のときはできるだけサラダ、あえ物、なべ料理、炒め物などに使い、たくさん食べるようにしましょう。

材料（2人分）
小松菜…⅓束
油揚げ（小）…1枚
しょうゆ…大さじ1

作り方
1 小松菜は食べやすい長さに切る。
2 油揚げは熱湯をかけて油抜きをし、短冊切りにする。
3 なべに①を敷いて②をのせ、しょうゆを回しかけて弱火にかける。
4 材料に火が通ったら、でき上がり。

山いもとトマトのサラダ

とろろでおなじみの山いもは、あつあつのごはんの上にかけるだけでなく、サラダに仕上げてみました。
季節の野菜をトッピングに加えると、栄養効果も高まります。

材料（2人分）
山いも…5cm
ミニトマト…2個
貝割れ菜…適量
焼きのり…¼枚
万能ねぎの小口切り…大さじ1
ごま油（好みで）…少々
〈ドレッシング〉
梅酢…大さじ1
しょうゆ…大さじ1

作り方
1 山いもはよく洗って皮をむく。ビニール袋の中に入れ、上からめん棒などでたたく。
2 ミニトマトと貝割れ菜は食べやすい大きさに切る。
3 焼きのりはあぶって、短冊に切っておく。
4 ドレッシングはあらかじめまぜておく。
5 器に①を入れ、②、③、万能ねぎを盛りつけ、食べる直前にドレッシングをかける。好みでごま油をかけても。

白菜と豆腐の煮物

野菜を切って豆腐をくずし、火にかけるだけの目からウロコの簡単レシピ。
トロッと煮えた白菜と味がじんわりしみた豆腐が、やさしい味わいです。

材料（2人分）

白菜（大）…3枚
豆腐…½丁
しょうゆ…大さじ1.5

作り方

1 白菜はざく切りにし、なべに敷く。
2 豆腐を手で大きめにくずして①に入れ、その上にしょうゆを入れてふたをし、ごく弱火で煮込む。味がなじんだら火を止める。

大根と厚揚げの煮物

豆腐のあっさり感と違って厚揚げは重量感があり、
香ばしい香りで淡泊な野菜の味を引き立たせてくれます。
ボリュームのある一品です。

材料（2人分）
大根…5㎝
厚揚げ…½枚
しょうゆ…大さじ1
だし…大さじ2

作り方
1 大根は半月切りにして、なべの底に敷く。
2 厚揚げは熱湯をかけて油抜きをしてから5㎜幅に切り、①の上に均等に並べる。
3 しょうゆとだしを②の上に回しかけてふたをし、ごく弱火で味がなじむまで煮込む。

トマトと豆腐のスープ

味つけは塩だけでとてもシンプルですが、トマトのうまみと豆腐がバランスよくからみ合って、だしを使うことなく、おいしいスープができ上がりました。

材料（2人分）
トマト（大）…1個
木綿豆腐…½丁
自然塩…少々

作り方
1 トマトはざく切りにしておく。
2 なべに①と手で大きめにくずした豆腐を入れる。
3 ②を弱火にかけて煮込み、自然塩で味をととのえる。

大根おろしと豆乳のスープ

大根おろしに自然塩、みそを入れ、豆乳でのばしていくだけの簡単なスープ。いつもは脇役の大根おろしですが、スープに使うことでメインとして食卓に登場させることができます。

材料（2人分）
大根おろし…1カップ
自然塩…少々
みそ…大さじ2
豆乳…200㎖
万能ねぎの小口切り…少々

作り方
1 なべに大根おろし、自然塩を入れて弱火にかける。
2 ①に火が通ったらみそをとき入れ、豆乳でのばして味をととのえる。
3 器に盛りつけ、万能ねぎを散らす。

よもぎのだんご汁

定番のだんご汁に、よもぎを入れて風味を楽しむようにアレンジしてみました。みそ汁の具は、冷蔵庫の中に余っているものを使えばOKです。

材料（2人分）

白玉粉…大さじ4
よもぎ粉…小さじ1
かぶ（小）…½個
だし…2カップ
みそ…大さじ2

作り方

1 ボウルに白玉粉とよもぎ粉を入れ、水大さじ3を少しずつ加えて手でこねる。耳たぶのやわらかさになるのが目安。
2 かぶは薄切りにする。
3 なべにだしと②を入れ、かぶがやわらかくなるまで中火で煮る。
4 ③に、①を食べやすい大きさに丸めながら加える。だんごが浮いてきたら、みそをときのばす。

乾燥しらたきの中華風スープ

切り干し大根、乾燥しらたきを手間をかけずにスープ仕立てに。
乾燥のままで使うことを覚えたら、料理に使う回数がグンとアップ！
切り干し大根は天日干しのものがおすすめです。

材料（2人分）

乾燥しらたき…2個
切り干し大根…5g
きくらげ…2枚
（水でもどしておく）
えのきだけ…⅓束
長ねぎ…10㎝
だし…3カップ

A
ピーナツバター…小さじ1
自然塩、こしょう…各適量
しょうゆ…小さじ2
おろししょうが…小さじ1
りんご酢…小さじ2

くず粉…大さじ1
（同量の水でといておく）

※くず粉を水でとくときは同量が基本。

作り方

1 水でもどしたきくらげは食べやすい大きさに切る。えのきだけ、長ねぎも食べやすい大きさに切る。
2 なべにだしを入れて火にかけ、切り干し大根と乾燥しらたきを加える。
3 切り干し大根がやわらかくなったら、①を加えて弱火で煮込む。
4 野菜のコクが出てきたら、Aを加えて味をととのえる。
5 ④に水でといたくず粉を入れ、とろみをつける。

Lunch

昼食はどうしても手を抜いてしまいがちですが、
残り物を再利用して、めん類、チャーハン、お好み焼きなどを作ってみては？
ワンプレートランチにすれば簡単！
ときには、軽くあえ物、サラダをのせ、彩りよく盛りつけることで、
見た目も豪華になり、おなかも心も満たされます。

CHAPTER 2

野菜・豆・雑穀を使った

Lunch

お弁当＆
ワンプレートごはん

A
B
C

香の物まぜごはん弁当

A 香の物まぜごはん

おいしい漬け物をごはんとまぜるだけで、おかずがなくても箸はすすみます。
朝の忙しいときのお弁当作りですが、ごはんをメインにし、おかずを作る手間を省きました。

材料（2人分）

玄米ごはん（できれば炊きたて）
…茶わん3杯分
たくあん…50g
高菜漬け…50g
青じそ…5枚
ひじき（乾燥）…大さじ1
しょうゆ…小さじ1
ごま油…小さじ1

作り方

1 たくあん、高菜漬け、青じそはみじん切りにする。
2 ひじきはたっぷりの水でもどしておく。
3 フライパンにごま油を熱し、①と②を入れて中火で炒める。全体に火が通ったら、しょうゆをなべ肌にかけ、炒め合わせる。
4 炊き上がった玄米に、③を加えてざっくりとまぜる。

B ブロッコリーのくるみみそあえ

ナッツ類を使ったあえ物は、とても簡単。炒ったナッツをつぶして、しょうゆ、みそで味をつけるだけ。
甘みがほしいときは、米あめや甘酒を加えれば、やさしい味のあえ物に仕上がります。

材料（2人分）

ブロッコリー…¼個
炒ったくるみ…大さじ1
しょうゆ…小さじ1
みそ…小さじ1
すり白ごま（あれば）…適量

作り方

1 すり鉢に炒ったくるみを入れ、すりこ木で軽くつぶす。
2 ブロッコリーは下ゆでする。
3 ①の中にしょうゆ、みそを入れてよくまぜる。
4 ③に水けをきった②を加えてまぜ合わせる。あれば、すり白ごまを振る。

C 紫キャベツとパプリカのマリネ

紫キャベツの色鮮やかさを添えるだけで、料理が引き立ちます。このマリネは常備菜として作りおき可能です。
こうした華やかな色の野菜を使って、食卓を彩りよく飾りましょう。

材料（2人分）

紫キャベツ…50g
パプリカ（赤・黄）…各¼個（30g）
玄米酢…大さじ1
梅酢…小さじ1
あんずジャム…大さじ2
アーモンド（刻んだもの）…大さじ1

作り方

1 紫キャベツ、パプリカはできるだけ薄くせん切りにする。
2 ボウルに玄米酢と梅酢、あんずジャムを入れてまぜ、①を加えてざっくりまぜる。
3 ②にアーモンドを加えてよくまぜる。

B
C
A

キノアごはん野菜あんかけ弁当

A キノアごはん野菜あんかけ

キノアはさくさくとした感じで軽く食べられ、おなかにもたれることがないので安心していただけます。
20 分で炊き上がるので、ぜひ炊き方を覚えて常備しておくことをおすすめします。

材料（2人分）

キノア … ½カップ
白菜 … 1枚
にんじん … 2㎝
しいたけ … 1枚
さやいんげん … 5本
大根 … 1㎝
ココナッツオイル … 大さじ1
玄米粉 … 大さじ2
自然塩、こしょう … 各少々
しょうゆ … 小さじ2

作り方

1 キノアはよく洗ってなべに入れ、倍の水（1カップ）に自然塩をひとつまみ（分量外）入れて強火にかける。このときふたをしないのがコツ。
2 ①が沸騰したら火をごく弱火にし、ふたをして 20 分炊く。
3 白菜、にんじん、しいたけ、さやいんげん、大根は食べやすい大きさに薄切りにする。
4 フライパンにココナッツオイルを熱し、③の野菜を中火で炒める。
5 ④の野菜に火が通ったら、玄米粉を加えてさらに炒め、自然塩、こしょう、しょうゆを加えて味をととのえる。
6 ②のキノアをお弁当箱に入れ、上に⑤の野菜をかける。

B さつまいもとレーズンの煮物

レーズンを入れることで甘みもプラスすることができ、おしゃれに仕上がります。
おやつとしても副菜としても、どちらでも重宝する一品です。
とにかく簡単なので、ぜひ作ってみてください。

材料（2人分）

さつまいも（大）… ½本
レーズン … 大さじ1
自然塩 … 少々

作り方

1 さつまいもは半月切りにする。
2 なべに材料をすべて入れ、水 100mℓ（さつまいもがかぶるくらい）を加えて弱火で煮汁がなくなるまで煮詰める。

C 春菊のごまあえ

今回は春菊を使いましたが、葉野菜ならなんでも OK。あえ衣には甘酒を使ってみました。
やさしい甘さの甘酒は、発酵食品なので体にはとてもよく、おすすめです。

材料（2人分）

春菊 … 1束
乾燥いちじく（あれば）… 適量
しょうゆ … 大さじ1
甘酒 … 大さじ2
すり白ごま … 少々

作り方

1 春菊は下ゆでする。
2 ①の水けをきり、3㎝幅に切る。
3 ボウルにしょうゆ、甘酒、すり白ごま、あれば、刻んだ乾燥いちじくを入れてまぜ合わせ、②を加えてさらにまぜる。

B
A

玄米サラダごはん弁当

A 玄米サラダごはん

玄米サラダの味の決め手は、梅酢。
梅酢の種類によっても、酸味、辛みと違ってくるので、味をみながら加えるのがコツ。
玄米サラダならボリュームもあって、ランチにはもってこいです。

材料（2人分）

玄米ごはん…茶わん1.5杯分
ゆでたひよこ豆…大さじ2
アボカド…½個
（できるだけやわらかいもの）
パプリカ（赤・黄）…各⅛個
玉ねぎ…⅛個
きゅうり…½本
ミニトマト…3個

A
- レーズン…大さじ1（ドライフルーツならなんでも）
- オリーブオイル…大さじ1
- 梅酢…大さじ1〜2
- ねり白ごま…小さじ1
- かぼすジュース（果汁100%のもの）…小さじ1
- 自然塩、こしょう…各少々

作り方

1 ボウルにAを入れてまぜ合わせておく。
2 すべての野菜とアボカドをやや小さめに、さいの目に切る。
3 ①にゆでたひよこ豆と②を加えてよくまぜ合わせる。
4 ③に玄米ごはんを加え、ざっくりとまぜる。

B きゅうりのたたき

きゅうりをたたきにして、ささっと副菜の完成。
常備菜として冷蔵庫にストックしておけば、お弁当に箸休めにと重宝します。

材料（2人分）

きゅうり…1本
しょうゆ…大さじ1
おろししょうが…小さじ1
梅酢…小さじ1

作り方

1 きゅうりはすりこ木で軽くたたいて、手でほぐし食べやすい大きさにする。
2 保存容器にきゅうり以外の材料を入れてまぜ合わせ、きゅうりを漬け込む。

※フルーツ　好みのもの適量

香味野菜のパスタ

パスタに油揚げはイメージがわかないかもしれませんが、実はよく合います。
かぶと青じその香りが食欲を増進させてくれる、お気に入りの組み合わせです。
今回は油揚げを使いましたが、豆腐、厚揚げなどにかえても。

材料（2人分）
かぶ（小）…1個（葉も使う）
青じそ…10枚
油揚げ（小）…½枚（大きいものであれば¼枚）
パスタ…160g
自然塩、こしょう…各少々
にんにく…1かけ
オリーブオイル…大さじ1

作り方
1 パスタは大きめのなべにたっぷりの湯を沸かし、自然塩（分量外）を多めに入れて袋の表示時間どおりにゆでる。
2 ゆで上がったら、ざるに上げて水けをきる。
3 かぶは縦半分に切ってから3㎜幅に切る。かぶの葉は適当な大きさに切る。青じそと油揚げは5㎜幅に切る。にんにくはみじん切りにする。
4 フライパンを熱してオリーブオイルを入れ、にんにくを入れて弱火で炒める。香りが出たら、かぶとかぶの葉、油揚げを加えてさらに中火で炒める。
5 ④に②を加えてざっとまぜる。
6 ⑤に自然塩、こしょうで味をととのえ、仕上げに青じそを加えてさっと炒める。

きび入りミートソースパスタ

ひき肉を使わないミートソース？　と思うかもしれませんが、
きびやたっぷりの野菜を入れてボリュームアップ。パスタにも香味野菜を加えて炒めれば、
香り豊かな一品の完成です。

材料（2人分）

〈ミートソース〉

たかきび…½カップ
トマト（大）…1個
玉ねぎ（大）…1個
にんじん（小）…1本
さやいんげん…5本
干ししいたけ…2枚
にんにく…1かけ
おろししょうが…少々
だし…1カップ
A みそ…大さじ2
　しょうゆ…大さじ1
　自然塩、こしょう…各少々

〈パスタ〉

パスタ…160〜200g
オリーブオイル…大さじ1
にんにく…1かけ
香味野菜（好みのもの）…適量

作り方

ミートソースを作る

1 干ししいたけは水でもどしてみじん切りにする。玉ねぎとにんじん、さやいんげんはみじん切りにする。
2 フライパンにみじん切りにしたにんにく、おろししょうがを入れ、弱火で炒める。香りが出たら①を入れ、野菜に火が通るまで炒める。
3 ②にたかきび、だし、あらみじんにしたトマトを入れて中火で煮込む。
4 ③にAを入れ、味をととのえる。

パスタを作る

1 パスタは大きめのなべにたっぷりの湯を沸かし、自然塩（分量外）を多めに入れて袋の表示時間どおりにゆでる。
2 フライパンを熱してオリーブオイルとみじん切りにしたにんにくを入れ、香りが出たら①を加えて炒める。パスタに油が回ったら、香味野菜を入れてさっとまぜ、火からおろす。器に盛り、ミートソースをかけて完成。

あっさりスープヌードル

ヘルシーさがうれしいスープヌードル。
ピーナツバターを加えることで、味はもちろん、香りが出るのでより深い味わいに。
具も好みの野菜やレタス、春菊、貝割れ菜など、季節の味で楽しんでみては。

材料（2人分）
パスタ…60g
だし…2カップ
ねり白ごま…小さじ1
自然塩、こしょう…各少々
しょうゆ…小さじ2
ピーナツバター（無糖）…大さじ1
塩蔵わかめ…ひとつかみ
イタリアンパセリ…少々

作り方
1 パスタは大きめのなべにたっぷりの湯を沸かし、自然塩（分量外）を多めに入れて袋の表示時間どおりにゆでる。
2 なべにだしを入れ、ねり白ごま、自然塩、こしょう、しょうゆで味をととのえる。
3 ②に①を加えてさっと火を通し、最後にピーナツバターを加えてよくまぜる。
4 ③を器に盛り、塩抜きして適当な大きさに切ったわかめとイタリアンパセリを添える。

焼きうどん

焼きうどんにかぼすやライムジュースを加えることで、さっぱりとした味に仕上がります。
はじめの一口では「あれ？」と思わず首を傾げてしまうかもしれませんが、
かぼすのさっぱり感に食がすすみます。

材料（2人分）
うどん（乾燥）…2人分
キャベツ…2枚
にんじん…2cm
ピーマン…2個
玉ねぎ（小）…½個
しいたけ…2枚
油揚げ…半分
オリーブオイル…少々
自然塩、こしょう…各少々
しょうゆ…大さじ1
かぼすジュース（ライムジュースでも）…小さじ4
青のり…適量

作り方
1 キャベツ、にんじん、ピーマン、玉ねぎ、しいたけはせん切りにする。油揚げは油抜きをしてから、せん切りにする。
2 うどんは大きめのなべにたっぷりの湯を沸かし、袋の表示時間どおりにゆでる。
3 フライパンを熱してオリーブオイルを入れ、①を強火で炒める。
4 野菜に火が通ったら②を加え、自然塩、こしょう、しょうゆを加えて味をととのえる。
5 最後に、かぼすジュースを加えてざっとまぜる。器に盛り、青のりを振りかける。

納豆チャーハン

納豆はよく炒めると粘りがなくなって、香ばしさがアップ。
残り物の玄米冷やごはんに納豆を入れて炒めるだけで、味わい深いチャーハンができ上がります。
納豆と相性抜群の万能ねぎをたっぷり入れるのがおいしさの秘訣です。

材料（2人分）
玄米冷やごはん … 茶わん2杯分
納豆 … 1パック
万能ねぎの小口切り … 大さじ4
しょうゆ … 小さじ2
みそ … 小さじ2
自然塩 … 少々
ごま油 … 少々

作り方
1 フライパンを熱してごま油を入れ、強火で冷やごはんを炒める。
2 ごはんに火が通ったら、万能ねぎ、しょうゆ、みそ、自然塩を加えて炒め合わせる。
3 ②に納豆を加えて、粘りがなくなるまで強火で炒める。

Dinner

夕食は一日の疲れをとり、明日への活力を見いだす食事。
具だくさんのみそ汁、玄米ごはんにおかずを２～３品。
できれば、最低 30 回は咀嚼《そしゃく》し、腹八分にすることをおすすめします。
可能ならば就寝前最低３時間は何も食べないようにしましょう。

CHAPTER 3

野菜・豆・雑穀を使った

Dinner

ボリュームメイン&
ヘルシーサブおかず

山いもバーグ

山いもは、おろすだけでなく刻んでハンバーグのように焼くと、シャキシャキ感があって食べごたえもあります。
ハーブを使うことで風味よく仕上がり、食欲をそそられます。
数種類のハーブを常備しておくと便利です。

材料（2人分）
山いも…100g
しいたけ…2枚
長ねぎ…20cm
そばの実…大さじ3
A
- 万能ねぎの小口切り…½カップ
- おろししょうが…小さじ1
- おろしにんにく…小さじ1
- 自然塩、こしょう…各少々
- みそ…大さじ1
- そば粉…大さじ2〜3
- クミン、セージ…各少々

オリーブオイル…少々
〈ソース〉
えのきだけ…½袋
エリンギ…1本
しいたけ…2枚
トマト（大）…1個
自然塩…少々

作り方
1 山いもは洗って皮をむき、あらみじんに切る。
2 しいたけ、長ねぎはみじん切りにする。
3 そばの実は水1カップでやわらかくなるまで煮て、ざるに上げておく。
4 ボウルに①、②、③を入れ、Aを入れて手でよくこねる。やわらかめの生地に仕上げ、2つに分けておく。
5 フライパンを熱してオリーブオイルを入れ、④をのせて中まで火が通るようにしっかりと焼く。
6 ソースを作る。えのきだけ、エリンギ、しいたけ、トマトはざく切りにする。
7 なべに⑥を入れて中火にかけて煮込む。自然塩で味をととのえる。
8 器に⑤を盛り、⑦をかける。

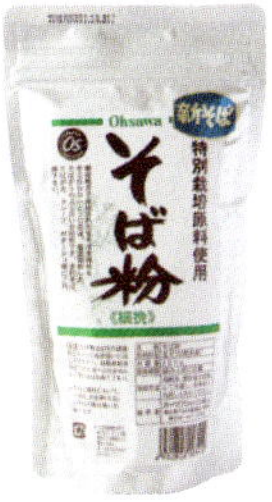

食材Memo

そば粉
そば粉はとても使いやすいので、薄力粉の代用として使っています。においもなく、キメがこまかいのでお好み焼きの粉などにも。そばは体をあたためますから、冷え性の方はできるだけそば粉を常用することをおすすめします。

れんこんギョーザ

このギョーザは、具を入れたらパタンとはさむだけ。時短レシピで簡単です。
れんこんは半分つぶして食感が残るようにします。歯ごたえがあっていっそうおいしく感じます。
中に入れる野菜は、れんこんが淡泊な味なので、香りの強い春菊、香菜などを使っても。

材料（2人分）
ギョーザの皮…10枚
れんこん…150g
キャベツ（大）…1枚
にんにく…1かけ
干ししいたけ…2枚
にら（刻んだもの）…½カップ
おろししょうが…少々
A［そば粉…大さじ2
　自然塩、こしょう…各少々
　みそ…大さじ1
ごま油…少々
〈たれ〉
りんご酢、しょうゆ…各小さじ1
おろししょうが…小さじ1

作り方
1 れんこんはきれいに洗って半量をビニール袋に入れ、すりこ木などでたたいてつぶす。残りの半量はすりおろす。
2 キャベツはせん切り、にんにくはみじん切りにする。干ししいたけは水でもどしてみじん切りにする。
3 ボウルに①と②、にら、おろししょうがを入れてまぜ、Aを加えてよくまぜる。
4 ギョーザの皮で③を包む。
5 フライパンにごま油を熱し、中まで火が通るように④を焼く。
6 まぜ合わせたたれをつけていただく。

ポイント
れんこんは食感を残して
れんこんはすべてすりおろさずに、半量をたたいてつぶすようにします。大きめのれんこんが残っていることで、口に入れたときに食感が楽しめ、満足感もアップ！

焼き春巻き

この春巻きはやや多めの油をフライパンにひいて、焼き春巻きにしてみました。
皮もパリッとして、あっさりとヘルシーに食べることができます。
カロリーを控えたい人はぜひ、焼き春巻きをおすすめします！

材料（2人分）
春巻きの皮…4枚
キャベツ…1枚
さやいんげん…5本
セロリ…½本
ピーマン（小）…1個
乾燥ビーフン…40g
香菜…1束
みそ、しょうゆ…各小さじ1
オリーブオイル、ごま油…各大さじ1

作り方
1 キャベツはせん切り、さやいんげん、セロリ、ピーマンはみじん切りにする。
2 ビーフンは袋の表示どおりにもどしておく。
3 フライパンにごま油小さじ1（分量外）を熱し、①を入れて野菜がしんなりするまで炒める。②を加えてさらに炒め、みそとしょうゆを加えて味をととのえる。
4 春巻きの皮を広げて③を適量のせ、その上に適当な長さに切った香菜をのせて包む。
5 別のフライパンにオリーブオイルとごま油を熱し、④を並べて両面に焼き色がつくように揚げ焼きをする。仕上げに、ふたをして蒸し焼きにする。

ポイント

少量の油で揚げる

なるべく油分をとらずにカロリーを控えたい人には、揚げ焼きすることをおすすめします。あらかじめ春巻きの具に火が通っているので、あとは焼き色をつけるだけ。仕上げにふたをして蒸し焼きすることで、中はしっとり、表面はパリッと焼き上がります。

雑穀マーボー豆腐

マーボー豆腐をスープ感覚で食べたいときはだしをやや多めに、
ごはんにのせてどんぶり物のように食べたいときはだしを少なめにするとよいです。
八丁みそを使うことで、本格的な中華の味わいが出てきます。

材料（2人分）
たかきび…大さじ1
そばの実…大さじ1
自然塩…ひとつまみ
豆腐…½丁
だし…1〜1.5カップ
A［
八丁みそ…大さじ1
おろししょうが…小さじ2
玄米粉…小さじ1〜2
ねり白ごま…小さじ1
］
万能ねぎ…適量

作り方

1 なべにだしを入れ、よく洗ったたかきびとそばの実を加えて、自然塩を入れてやわらかくなるまで煮込む。
2 豆腐はさいの目に切る。
3 ボウルにAを入れ、ダマにならないようにまぜ合わせる。
4 なべに③を入れて火にかけ、①と②を加えて豆腐があたたまるまで煮る。
5 ④を器に盛り、小口切りにした万能ねぎを散らす。

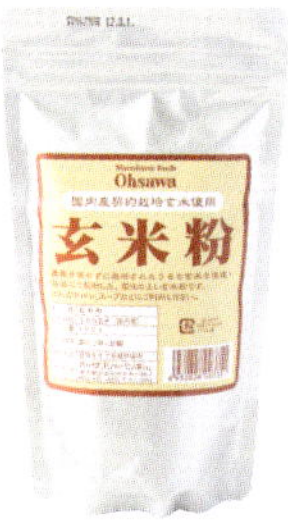

食材Memo

玄米粉
玄米粉の最もすぐれている点は、煮れば煮るほどとろみがつくところ。わざわざ水でとかす必要もなく、カレー、シチュー、ホワイトソースなどに用いると、簡単にルーができます。また、天ぷらの衣に玄米粉を少し入れることで、天ぷらがカラッと仕上がります。

ひよこ豆のカレー

ひよこ豆とカレー味の相性は抜群です。カレー料理を作るときは、ガラムマサラを入れると、プロの味に近づきます。
料理には香りも大切なので、どんな食材にどのようなスパイスやハーブ類が合うかを知っておくと、
料理のグレードがワンランクアップします！

材料（2人分）

じゃがいも…3個
にんじん…1本
玉ねぎ…2個
ひよこ豆（炊いたもの）…1カップ
だし…3カップ

A
- ピーナツバター…大さじ1〜2
- みそ…大さじ2〜3
- ターメリック、カレー粉…各大さじ1
- しょうゆ…大さじ1
- はちみつ…小さじ2
- ガラムマサラ、クミン、コリアンダー…各小さじ1
- りんご（すりおろしたもの）…1個

豆乳…50〜100mℓ

作り方

1 じゃがいも、にんじん、玉ねぎはさいの目に切る。
2 なべにだしを入れ、ひよこ豆と①を加えてやわらかくなるまで弱火で煮る。
3 ②の野菜がやわらかくなったら、Aを加えてよくまぜる。
4 ③に豆乳を入れ、ルーをのばすようにして味をととのえる。

お宝袋

油揚げをメインに使いたい＆雑穀を炊いたりせずにそのまま使えるように考えた料理です。
スープをトマト風味にして、塩だけの味にしてみました。
煮込みかげんを調節しながら、味に変化をつけてください。中に入れる具材はお好みのもので OK です。

材料（2人分）
いなり用油揚げ…2枚
うどん…¼玉
玄米もち…1個
キャベツ（小）…1枚
キノア…小さじ2
〈スープ〉
だし…1カップ
トマトジュース…190mℓ
みそ…小さじ1
米あめ…小さじ1
自然塩…少々

作り方
1 油揚げは横半分に切り、熱湯を回しかけて油抜きをする。あら熱がとれたら軽く水けをしぼり、菜箸などでめん棒のように表面を押しながら転がし、口をあけやすいように下処理する。
2 ①の切り口から具が詰められるように、手で広げる。
3 うどんは適当な長さに、玄米もちは一口大に切る。キャベツはせん切りにする。
4 ③とキノアをそれぞれ4等分して油揚げに入れ、つまようじで口を閉める。
5 なべにスープの材料をすべて入れて火にかけ、④を加えて材料に火が通るまで中火で煮込む。

ポイント

2個分の材料
油揚げの口を開いたら、写真の材料を詰めます。玄米もちは火が通りやすいように小さめの一口大に切るのがコツです。うどんやもち、キノアを入れることで満腹感が得られ、肉などを入れなくても十分に満足できるボリュームです。

ロールキャベツ

ロールキャベツをトマト味にすると、キャベツ独特のにおいがとれて食べやすくなります。
何度も野菜料理に挑戦していると、野菜のうまみをじょうずに利用しながらおいしく作れるように。
野菜本来の味が引き出せるようになれば、料理の腕もグンとアップします。

材料（2人分）

キャベツ（大）…2枚
ごぼう…15cm
玉ねぎ…¼個
干ししいたけ（もどしたもの）…2枚
かぶ…½個（葉つきであれば、葉も使う）
れんこん…70g
たかきび…大さじ2

A
- 玄米粉…大さじ2
- 自然塩、こしょう…各少々
- みそ…大さじ1.5

トマト…1個
だし…適量

B
- トマトジュース…150mℓ
- しょうゆ…大さじ1
- おろししょうが…少々
- ねり白ごま…小さじ1
- 白みそ、みそ…各小さじ1

作り方

1 キャベツはたっぷりの湯でゆでて、ざるに上げておく。
2 ごぼう、玉ねぎ、干ししいたけ、かぶはみじん切りにする。れんこんはビニール袋に入れ、すりこ木のようなものでたたく。
3 なべにたかきびの倍の量の水を入れ、よく洗ったたかきびを加えて、自然塩ひとつまみ（分量外）を入れてやわらかくなるまで弱火で煮込む。
4 ボウルに②と③を入れ、Aで味をつけて2等分にする。
5 まないたなどの上に①のキャベツを広げ、④をのせて包む。端はようじで止める。
6 トマトは大きめに切る。
7 やや深いなべに⑤を並べ、かぶるくらいのだしとB、⑥を入れて材料に火が通るまで弱火で煮込む。

ピーマンのおから詰め

ピーマンの独特の香りとおいしさを味わう一品。おからを肉がわりに使って、野菜もたっぷり入れて作ってみました。
たかきびを入れることで、満足感が出ます。メインのおかずとしても大活躍まちがいなしです！

材料（2人分）

ピーマン…2個
乾燥おから…½カップ（同量の湯でもどしておく）
たかきび（炊いたもの）…大さじ2
エリンギ…½本
ズッキーニ…½本
干ししいたけ（もどしたもの）…1枚
長ねぎ…10cm
にんにく…1かけ
薄力粉…少々
そば粉…大さじ2〜3

A
- しょうゆ…小さじ1
- みそ…大さじ1
- 自然塩、こしょう…各少々

オリーブオイル、ごま油…各小さじ1

作り方

1 ピーマンは半分に切って種とへたをとり、中に薄力粉を振りかけておく。
2 エリンギ、ズッキーニ、干ししいたけ、長ねぎはあらみじん切り、にんにくはみじん切りにする。
3 ボウルに②とおから、たかきび、そば粉を入れてよくまぜる。
4 ③にAを入れて味をととのえる。
5 ④を4等分にして、①のピーマンにこんもりと詰める。
6 フライパンを熱してオリーブオイルとごま油を入れ、⑤を入れて両面こんがりと焼く。

ポイント

ピーマンと具をはがれにくくする

ピーマンにおからの具を詰める前に薄力粉を軽く振っておくと、焼いたときに具がはがれにくくなります。バットにピーマンを並べ、茶こしなどを使って薄力粉を振ります。

車麩の甘煮

車麩は、水でもどすと２倍にふくれます。
自然食料理ではメインに使われることが多い車麩は、メーカーによって味が違うので、
いろいろ試して好きな味を見つけてください。

材料（2人分）

車麩…2個

干ししいたけ…2枚

A［しょうゆ…大さじ1〜2
　　おろししょうが…少々

くず粉…少々

ごま油…少々

B［だし…½カップ
　　玄米あめ…大さじ1

作り方

1 車麩は水にひたして、もどしておく。
2 干ししいたけは、水でもどして1cm幅のそぎ切りにする。
3 ①の水けを軽くきって4等分に切る。
4 バットにAを入れ、車麩をひたして味をしみ込ませる。
5 ④にくず粉をまぶす。
6 フライパンを熱してごま油を入れ、⑤を入れて油を吸わせるように焼く。
7 なべにBを入れて②と⑥を加え、煮汁がなくなるまで煮詰める。

車麩のしょうが煮

車麩は重量感があって食べごたえがあります。照りを出すことで豚の角煮のようになり、
揚げればとんカツとまちがわれるほど。揚げた車麩はサンドイッチなどに使うとボリュームが出ます。

材料（2人分）

車麩…2個

A［しょうゆ…大さじ2
　おろししょうが…小さじ1

玄米粉…大さじ3

ごま油…大さじ1

だし…½カップ

くず粉…大さじ1強
（同量の水でといておく）

※くず粉を水でとくときは同量が基本。

作り方

1 車麩は水にひたして、もどしておく。
2 ①の水けを軽くきって一口大に切る。バットにAを入れ、車麩をひたして味をしみ込ませる。
3 ②に玄米粉をまぶす。
4 フライパンを熱してごま油を入れ、③を入れて油を吸わせるように焼く。
5 ④に火が通ったらだしを加え、ふたをして強火でさっと煮る。
6 ⑤にくず粉を入れてとろみをつける。

野菜たっぷりなべ　スペシャルソース

野菜なべはもちろんですが、おすすめしたいのがこのスペシャルソース。
大根おろしにねり白ごまとしょうゆを加えた簡単なものですが、野菜なべにぴったりの味に仕上げました。
お好みで、しょうゆを足したり控えたりしながら、自分の好きな味を見つけてください。

材料（2人分）

キャベツ…1個
チンゲン菜…1束
水菜…1束
長ねぎ…1本
しいたけ…2枚
貝割れ菜…適量
絹さや…10g
油揚げ…1枚
ミニトマト…4個
車麩…1個
乾燥しらたき…2個
だし…適量

作り方

1 絹さやは筋をとる。ほかの野菜は食べやすい大きさに切る。
2 油揚げは熱湯を回しかけて油抜きをし、適当な大きさに切る。
3 ミニトマトは切り込みを入れる。
4 なべに①と②、乾燥のまま食べやすい大きさに割った車麩、乾燥しらたきを適当に並べ、③を野菜の上にのせて、彩りよく盛る。
5 具がひたひたになるまでだしを入れ、強火にかける。野菜に火が通ったら食べごろ。

スペシャルソース

材料（2人分）
大根おろし…½カップ
ねり白ごま…大さじ3
しょうゆ…大さじ3

作り方

なべにすべての材料を入れ（大根おろしの汁もすべて入れる）、焦がさないように中火でスプーンなどでまぜながら煮る。なべの内側がプツプツと煮立ってきたら火からおろす。

すき焼き

すき焼きのたれの甘みは甘酒で補います。甘酒は発酵食品でもあり、自然の力で甘みが出ているすぐれもの。
料理に白砂糖を使わない場合のお助けアイテムです。
ごぼうやにんじんはピーラーで薄くスライスすることで、味をしみ込みやすくしています。

材料（2人分）

ごぼう…30cm
にんじん…30g
白菜…3枚
長ねぎ…1本
玉ねぎ（小）…1個
えのきだけ…1パック
焼き豆腐（なければ木綿豆腐）…½丁
しらたき…½袋

A
甘酒…大さじ4
しょうゆ…大さじ2〜3（好みで）
だし…大さじ3
自然塩…ひとつまみ

作り方

1 ごぼうとにんじんはピーラーで薄くスライスしておく。白菜はざく切り、長ねぎは5cm長さの斜め切り、玉ねぎは薄切り、えのきだけは根元の汚れた部分を切り落としてほぐす。豆腐は適当な大きさに切る。

2 しらたきは洗ってざるに上げておく。

3 大きめの平なべ（すき焼き用なべでも）に材料をきれいに並べる。

4 小さなボウルにAを合わせておく。

5 ③に④を加え、弱火で材料に火が通るまで煮込む。

じゃがいもとバジルのにんにくソテー

じゃがいもを簡単にあっさり食べたいと思い、塩とバジルだけで蒸し焼きにしてみました。
香ばしいじゃがいもにバジルの香りがからみ合って、おつまみにもなる一品です。

材料（2人分）
じゃがいも（大）…1個
バジル…1枝
にんにく…1かけ
自然塩…少々
オリーブオイル…小さじ2

作り方
1 じゃがいもは薄切りにする。
2 にんにくは薄切りにする。
3 バジルは小さめに手でちぎっておく。
4 なべを熱してオリーブオイルを入れ、②を加えて弱火で炒める。香りが出たら①も加える。
5 ④に自然塩を入れてふたをし、ごく弱火で蒸し焼きにする。
6 じゃがいもがやわらかくなったらふたをはずして水分をとばし、最後に③を入れる。

里いもの甘酒煮

里いもが淡泊な味なので、しょうゆと甘酒をからめることでおいしさが増します。
煮物をするときの甘みは甘酒、てんさい糖がおすすめです。自然の味を楽しんでください。

材料（2人分）

里いも（小）…6個
だし…100～200mℓ
（里いもの大きさで調整）
甘酒、しょうゆ…各大さじ1

作り方

1 里いもは洗って皮をむく。
2 なべに①、だし、しょうゆ小さじ1（分量外）を入れ、里いもがやわらかくなるまで煮込む。
3 ②に甘酒としょうゆを入れ、汁けがなくなるまで煮含める。

小豆かぼちゃ

小豆とかぼちゃの甘みを自然塩で引き出しているので、本当に素朴な味わい。
ほくほくとした食感が楽しめ、栄養価もあります。これを食べると、体が癒されます。

材料（2人分）

小豆…大さじ2

かぼちゃ…3cm

自然塩…小さじ1

作り方

1 小豆は前の晩から水1カップにつけておく。

2 ①の小豆を水ごとなべに移し、自然塩小さじ½を入れて火にかける。

3 かぼちゃは食べやすい大きさに切る。

4 ②の小豆がやわらかくなったら③を入れ、残りの自然塩を加えてかぼちゃがやわらかくなるまで弱火で煮る。

※小豆を炊いたときの汁を使ってかぼちゃを煮るので、ゆで汁は捨てないでとっておく。

かぼちゃサラダ

きな粉といえばだんごやおもちに欠かせませんが、余ったきな粉を料理に使えないかと思い、
シンプルなかぼちゃのサラダに入れてみました。風味が増してよりおいしくなりました。

材料（2人分）
かぼちゃ … 1/8個
自然塩 … 適量
たかきび（炊いたもの）… 大さじ1
レーズン … 大さじ2
きな粉 … 大さじ1
ソイマヨネーズ … 大さじ1
こしょう … 少々

作り方
1 かぼちゃは大きめの乱切りにする。
2 なべに多めの水を入れ、自然塩ひとつまみと①を入れ、かぼちゃがやわらかくなるまで煮る。
3 かぼちゃがやわらかくなったら、余分な水を捨てる。なべの中にたかきびとレーズンを入れて、ごく弱火で水分をとばしながらまぜ合わせる。
4 ボウルに③を入れ、きな粉、ソイマヨネーズ、自然塩ひとつまみ、こしょうを加えてまぜ合わせる。

小松菜の酢みそあえ

甘酒＆梅酢の合わせ酢を常備しておけば、季節の葉野菜で酢みそあえを楽しむことができます。
梅酢と甘酒の相性は抜群ですから、ぜひお試しを。

材料（2人分）

小松菜…1/3束

自然塩…ひとつまみ

A
- 自然塩…ひとつまみ
- 白みそ…大さじ1
- 甘酒…大さじ2
- 梅酢…小さじ2

作り方

1 小松菜はたっぷりの湯に自然塩を入れて下ゆでし、水けをきる。4cm長さに切っておく。

2 ボウルにAを入れ、合わせ酢を作る。

3 器に小松菜を盛り、②をかける。

おろし焼き

水を使わないで大根おろしの水分を利用し、野菜を加えるお好み焼きを作りました。
そばは体をあたためる効果があるので、粉類を使うときは、できるだけそば粉を使うようにしています。

材料（2人分）

大根おろし…1カップ
キャベツ…50g
にら…30g
長ねぎ…½本
自然塩…少々
そば粉…大さじ2〜3
ごま油…少々

〈スペシャルソース〉
大根おろし…½カップ
ねり白ごま…大さじ3
しょうゆ…大さじ3

作り方

1. キャベツとにらはみじん切りにする。長ねぎは小口切りにする。
2. ボウルに①と大根おろし、自然塩を入れ、そば粉でかたさを調整しながらまぜ合わせる。
3. フライパンを熱してごま油を入れ、②を入れて両面こんがりと焼く。
4. ソースを作る。なべにすべての材料を入れ（大根おろしの汁もすべて入れる）、焦がさないように中火でスプーンなどでまぜながら煮る。なべの内側がプツプツと煮立ってきたら火からおろす。
5. 器に③を盛り、④をかけて完成。

もち大根

玄米もちは白もちに比べて粘りはありませんが、重量感とこしの強さがとてもおいしいです。
おもちが、おかずにも、おやつにもなる素朴な味の一品です。

材料（2人分）
玄米もち（なければ白もちでも）…2個
大根…5cm
しょうゆ…大さじ1
だし…大さじ3

作り方
1 玄米もち、大根は薄切りにする。
2 なべに①の大根を敷き、その上にもちをのせる。
3 ②にしょうゆとだしを回しかけ、ふたをしてごく弱火で煮込む。やわらかくなったらでき上がり。

もずくと玉ねぎのサラダ

もずくに酢じょうゆだけでは味けないので、サラダ風にアレンジしてみました。
納豆、オクラなどネバネバした食材を合わせて、
さらにおいしく、栄養たっぷりにいただくのもおすすめです。

材料（2人分）

生もずく…1袋
玉ねぎ…½個
万能ねぎの小口切り…大さじ1
青のり（生）貝割れ菜…適量
ナッツ類（かぼちゃの種、
　アーモンド、くるみ）…適量
〈ドレッシング〉
梅酢…大さじ1
しょうゆ…大さじ1

作り方

1. 玉ねぎは薄切りにして水にさらし、すぐにざるに上げて水けをきっておく。
2. ナッツ類はあらく刻む。
3. 器によく洗って適当な大きさに切ったもずく、①、万能ねぎ、青のり、貝割れ菜②を盛りつける。
4. 食べる直前にまぜ合わせたドレッシングをかける。

おからサラダ

おからもなるべく食卓に出したい料理のひとつ。
甘く炊いたおからもいいですが、たまにはおからのサラダでさっぱりと味わうのも格別です。
彩り豊かな野菜と合わせれば、見た目も華やかに。

材料（2人分）

乾燥おから … ½カップ（同量の熱湯でもどす）
セロリ … 15㎝
ズッキーニ … ½本
パプリカ（黄）… ⅛個
ミニトマト … 2個
ひよこ豆（炊いたもの）… 大さじ2
A［自然塩、こしょう … 各少々
　 みそ … 小さじ1
　 ソイマヨネーズ … 大さじ4

作り方

1 おからはフライパンでから炒りし、冷ましておく。
2 セロリ、ズッキーニ、パプリカは薄切りにする。ミニトマトは6等分に切る。
3 ボウルに①、②とひよこ豆、Aを入れてまぜ合わせる。

厚揚げチャンプルー

このレシピは、冷蔵庫の中に余っている野菜を使っておいしくできる一品です。
しょうがを使えば和風、ケチャップを使えばアメリカ風に変化します。
そのときの気分で試してみてください。

材料（2人分）
厚揚げ…¼枚
チンゲン菜…1株
まいたけ…½パック
絹ごし豆腐…½丁
ごま油…大さじ1
A［おろししょうが…小さじ1
自然塩…少々
しょうゆ…小さじ2］
すり白ごま…適量

作り方
1 厚揚げは1cm幅に切る。チンゲン菜は株と葉に分けて、株は6等分、葉は長さを3等分に切る。まいたけは適当な大きさにほぐす。
2 フライパンを熱してごま油を入れ、①を加えて中火で炒める。材料に火が通ったら豆腐を手でくずしながら加えて軽く炒める。
3 ②にAを加えて味をととのえ、仕上げにすり白ごまを振りかける。

豆腐サラダに大根、にんじん、三つ葉をのせて

ドレッシングやだしの割合を覚えると、料理がより簡単に作れるようになります。
玄米酢を米酢、黒酢、ワインビネガー、アップルビネガーにかえていくだけで、
自分だけのドレッシングが増えていくこと、まちがいなしです！

材料（2人分）

絹ごし豆腐…¼丁
大根…1cm
にんじん…2cm
三つ葉…½束
パプリカ
（赤・黄）…各⅛個
ルッコラ…ひとつかみ
おろししょうが…少々

〈しょうゆドレッシング〉
オリーブオイル…適量
玄米酢…適量
しょうゆ…適量
自然塩、こしょう
（好みで）…各少々

作り方

1 大根、にんじんはせん切りにする。
2 三つ葉は3cm長さに切る。パプリカは薄切りにする。
3 器に絹ごし豆腐を盛りつける。
4 豆腐の上に①と②、ルッコラ、おろししょうがをのせる。
5 しょうゆドレッシングを作る。オリーブオイル：玄米酢：しょうゆを3：2：1の割合でボウルに入れ、好みで、自然塩、こしょうを入れてまぜ合わせる。④に回しかけて完成。

豆腐の茶わん蒸し

豆腐をそのまま蒸して、しょうがを添えていただく時短レシピ。
卵より豆腐を使ったほうが、簡単に茶わん蒸しができます。失敗もありません。

材料（2人分）
絹ごし豆腐…½丁
塩蔵わかめ…少々
干ししいたけ…1枚
だし…50㎖
しょうゆ…小さじ1
しょうが汁…小さじ½
自然塩…少々
くず粉…小さじ1（同量の水でといておく）
※くず粉を水でとくときは同量が基本。

作り方
1 干ししいたけは水でもどしておく。わかめは洗って塩抜きし、適当な大きさに切る。
2 茶わん蒸しの器にあらくほぐした豆腐とわかめを入れて約10分間蒸す。
3 小さななべに薄切りにした干ししいたけとだし、しょうゆ、しょうが汁、自然塩を入れ、火が通ったら、くず粉を入れてとろみをつける。
4 ②をなべからとり出し、③を上にかける。

Stock

忙しい毎日のために、ちょっとした常備菜が冷蔵庫の中にあると助かります。常備菜を再利用して、新しい料理を作っても。ひと手間かけることで、もう一品作るように工夫すれば、毎日同じものを食べるよりも楽しくておいしい食事ができるようになります。

CHAPTER 4

野菜・豆・雑穀を使った

Stock

常備菜

紫花豆の煮物

献立の一品に甘い豆は箸休めにもなりますし、ほっとさせてくれます。
今回使ったてんさい糖や穀物あめは甘さがやわらかく、自然の甘さでやさしい仕上がりに。
ポイントは自然塩でより甘さを引き出すこと。何度か作れば、甘さの引き出し方も自然に舌が覚えてくれます。

材料（2人分）
紫花豆…1カップ
てんさい糖（穀物あめでもよい）…½カップ
自然塩…ひとつまみ
しょうゆ…小さじ1

作り方
1 紫花豆は前の晩から水2.5カップにつけておく。
2 なべに①を入れ、自然塩ひとつまみ（分量外）を加えて強火で煮る。沸騰したら、弱火にして豆がやわらかくなるまで煮る。
3 ②がやわらかくなったら、てんさい糖を加えて煮る。最後に自然塩としょうゆを入れて味をととのえ、火を止める。

ポイント

豆は一晩水につける
豆は前の晩からたっぷりの水につけておきましょう。こうすることで、豆がやわらかく炊き上がります。豆を炊くときは、箸でまぜないように。まぜると豆の表面にしわが寄るので、静かに炊く。これがいちばん大切です。

食材Memo

てんさい糖
白砂糖を使わない場合は、甘みにてんさい糖を使います。てんさい糖を使うとやさしい味に仕上がり、煮豆や料理に甘みがほしいときに便利です。

きんぴらごぼう

ごぼうは皮にも栄養があるのできれいに洗って使います。
汚れを落としただけのごぼうの風味はとてもさわやかで、
皮がついていることなどまったく気にならずに、おいしくいただけます。

材料（2人分）

ごぼう…30cm
にんじん…3cm
玉ねぎ（小）…½個
ごま油…小さじ1
A　だし…大さじ3
　　みりん…大さじ2
　　しょうゆ…大さじ1

作り方

1 ごぼう、にんじん、玉ねぎは大きめのせん切りにする。
2 なべを熱してごま油を入れ、①の野菜を入れて玉ねぎがしんなりするまで炒める。Aを加え、ふたをしてごく弱火で汁けがなくなるまで煮る。

たたきごぼう

甘さにはちみつを入れた「たたきごぼう」は、おすすめの常備菜のひとつです。
かくし味に、かぼすジュースを入れてさっぱりとした口当たりにしています。

材料（2人分）

ごぼう…30cm
自然塩…ひとつまみ

A
- はちみつ…大さじ2
- 梅酢…小さじ1
- かぼすジュース（ゆずジュースでも）…小さじ1
- 玄米酢…大さじ1

作り方

1 ごぼうを洗い、まないたの上ですりこ木のようなもので軽くたたく。約4cm長さに切る。
2 なべに湯を沸かして自然塩を入れ、①をやわらかくなるまでゆでる。
3 保存容器にAを入れ、よくまぜ合わせておく。
4 ③の中に②をつけ込む。すぐに食べられる。

梅酢でラーパーツァイ

お日さまのエネルギーを吸収した切り干し大根は、甘さがあってやわらかく、本当においしいです。
美容と健康のためにもぜひ作っていただきたいレシピです。

材料（2人分）

切り干し大根…10g
にんじん…2cm
白菜…1枚
ごま油…小さじ1
A［自然塩…ひとつまみ
　しょうゆ…小さじ2
　梅酢…小さじ1弱］
すり黒ごま（あれば）…適量

作り方

1 にんじんはせん切りに、白菜は1cm幅の短冊切りにする。
2 なべを熱してごま油を入れ、にんじんを炒める。にんじんに油が回ったら、たっぷりの水でもどした切り干し大根と白菜を加えてさらに炒める。
3 ②にAを加え、ふたをして弱火で軽く煮る。
4 あれば、仕上げにすり黒ごまを振る。

ひじきと豆のたいたん

このレシピは、甘さを強調したひじき＆大豆の煮物に仕上げました。
大豆は甘く炊いてもおいしいです。ひじきのかわりに、
きくらげなどを使っても食感を楽しめ、よく合います。

材料（2人分）

大豆（炊いたもの）…1カップ
（大豆を炊いた煮汁はとっておく）
ひじき（乾燥）…大さじ1
自然塩…少々

A
- 白みそ…大さじ2
- 甘酒…大さじ2
- 自然塩…少々
- しょうゆ…小さじ2
- てんさい糖…小さじ2

おろししょうが…小さじ1

作り方

1 なべに大豆を入れ、自然塩と、とっておいた煮汁を大豆がかぶるくらいまで入れる。
2 ①の煮汁が半分になるまで煮詰める。
3 ②に水でもどしたひじきを入れ、Aとおろししょうがを加え、弱火で煮汁がなくなるまで煮る。

キノアサラダ

この料理は、残ったら玄米ごはんと炒めてチャーハンに、かぼちゃやじゃがいもなどとまぜて、
ハンバーグ風にしてもおいしいです。独特のプチプチ感がクセになる味わいです。

材料（2人分）

キノア … ½カップ
アーモンド … 大さじ2
レーズン … 大さじ2
イタリアンパセリ
（刻んだもの）… 大さじ1
オリーブオイル … 大さじ1
自然塩、こしょう
… 各少々
クローブ（あれば）
…少々
ルッコラ … 適量

〈レモンドレッシング〉
自然塩、こしょう
…各少々
レモン汁 … 大さじ1
てんさい糖 … 小さじ½
オリーブオイル
…小さじ2
ミネラルウォーター
（水道水は避ける）
…小さじ1

作り方

1 キノアはよく洗ってなべに入れ、倍の水（1カップ）に自然塩をひとつまみ（分量外）入れて強火にかける。このときふたをしないのがコツ。
2 ①が沸騰したら火をごく弱火にし、ふたをして20分炊く。
3 アーモンドとレーズンは包丁でこまかく刻んでおく。
4 ボウルにあら熱がとれたキノアを入れ、③とイタリアンパセリ、すべての調味料を入れてまぜ合わせる。
5 ドレッシングを作る。ボウルに材料をすべて入れ、よくまぜ合わせる。
6 器にセルクル型を置き、その中に④をスプーンで詰める。しっかりと詰めたら型をはずし、上にルッコラをのせる。⑤のドレッシングをかけて完成。
※セルクル型がない場合はアルミホイルなどで丸く型を作ってもOK。

豆と季節野菜のマリネ

日本では豆といえば煮豆ですが、外国ではマリネによく使います。
紫花豆のふくよかさが野菜とからみ合い、深い味に仕上がります。
入れる野菜の量で酢と甘さなどを調節していくとよいです。

材料（2人分）

紫花豆（ゆでたもの）… ½カップ
セロリ … 20cm
大根 … 3cm
パプリカ（赤・黄）… 各¼個
玉ねぎ（小）… ½個

A
- 自然塩 … 少々
- 梅酢、りんご酢 … 各大さじ1
- ジャム（何のジャムでもよい）… 大さじ1
- はちみつ … 大さじ3
- オリーブオイル … 大さじ1

作り方

1 セロリは筋をとってせん切り、大根、パプリカ、玉ねぎもせん切りにする。
2 ボウルにAを入れ、よくまぜる。
3 ②に紫花豆と①を加えてよくまぜる。冷蔵庫で2～3時間ねかせる。

しらたきのきんぴら風

料理の味をきんぴら風に仕上げたいときは、つや出しのために穀物あめを使うとよいでしょう。
照りと甘さが一度に出るので助かります。せん切りにしたしょうがをやや多めに使うと、違った味に仕上がります。

材料（2人分）
しらたき…1袋
干ししいたけ…2枚
ごま油…大さじ1
A 米あめ…大さじ1
　しょうゆ…大さじ2
　おろししょうが…小さじ2

作り方
1 しらたきは洗ってざるに上げ、水けをきる。
2 干ししいたけは水でもどし、せん切りにする。
3 フライパンを熱してごま油を入れ、①と②を入れて中火で炒める。
4 全体に火が通ったら、Aを加えて炒め合わせる。

昆布のつくだ煮

だしをとった昆布はもったいなくて、何か料理に使えないかと考え、このレシピを思いつきました。
甘みにはりんごジュースを。昆布のにおいもりんごの香りでフルーティに仕上がります。

材料（2人分）

だしをとったあとの昆布…3枚
（乾燥だと15㎝長さを3枚分）
りんごジュース（果汁100％のもの）
…190㎖
しょうゆ…大さじ3〜5（甘さ、薄味、
濃い味の調整はしょうゆの量で決める）

作り方

1 昆布は約2㎝の正方形に切る。
2 なべに①とりんごジュース、しょうゆを入れて、ごく弱火で煮汁がほとんどなくなるまで煮詰める。

おわりに

本書では、乾物と雑穀の使い方をとてもシンプルで使いやすくご紹介させていただきました。「これなら私も乾物や雑穀料理が作れそう」と思っていただけたのではないでしょうか。基本的に料理はその人の感性ですから、「こうしなければいけない」ということはありません。思いつくままにアイディアを盛り込んだ料理にしていけばいいのです。素材の使い方にまちがいもありません。私は自分らしい食材の使い方を見つけていけばいいと思っています。今回の本では、料理に乾物や雑穀を使うのはめんどうだ……といったマイナス面をとり除くことをいちばんに考え、メニューの構成を行いました。おいしいものができると自信につながり、「また作ろう」と意欲がわいてくるはずです。本当に安心して食べられる食事をすることで、ご自分や家族の健康を維持していただきたいと願ってやみません。

Ayako Kojima

野菜料理研究家。山口県下関生まれ。2005年、23年間サンフランシスコで営業していた日本食「kabuto」を閉め、体調をくずしたのをきっかけにおいしい空気と安全な水を求めて、北カリフォルニアに位置するマウントシャスタに移住。2005年、レストラン「Vivify」をオープンし、オーナー兼シェフを務めながら、不定期で自然食料理、みそ作り教室などを開催していた。

2011年7月永眠。「Vivify」は現在、シャスタにてご家族が経営中。

Staff

料理	Ayako Kojima
カバーデザイン	八木奈津子（株式会社　禅）、榎阪紀子（株式会社　ツー・ファイブ）
本文デザイン	八木奈津子（株式会社　禅）、榎阪紀子（株式会社　ツー・ファイブ）
スタイリング	中村佳瑞子
料理・スタイリングアシスタント	井上聡子
撮影	生駒典子
校正	小島克井
企画、編集、文	戸田賀奈子

野菜　豆　雑穀レシピ

体の中からきれいになる60のごはん

2012年10月29日　第1刷発行

著　者／Ayako Kojima（コジマ・アヤコ）

発行者／深澤徹也

発行所／メトロポリタンプレス

〒173-0004　東京都板橋区板橋3-2-1

TEL：〈代表〉03-5943-6430　〈営業〉03-5943-6431

http：//www.metpress.co.jp

印刷所／ティーケー出版印刷

ISBN978-4-904759-69-1　C0077

Printed in Japan